D1122086

CLAIRE BRETECHER

Les Frustrés

EDITE PAR C. BRETECHER

IMPRIMÉ PAR MOHN-ÉRIDÉ SUR LES PRESSES DE
PRINTER INDUSTRIA GRÁFICA SA TUSET, 19 BARCELONA
SANT VICENÇ DELS HORTS 1977

ISBN: 2-901076-03-5
DEPÒT LÉGAL: B. 3344-1977 1er TRIMESTRE
DIFFUSÉ PAR B. DIFFUSSION
61, RUE DU CHERCHE MIDI - PARIS
IMPRIMÉ EN ESPAGNE

A celui à qui je dois tout (1)

(1) Ça ne coûte pas cher et ça fait plaisir à un tas de gens.

J'ÉLÈVE MON ENFANT

LA GRANDE FILLE

tiens, c'est Pénélope!
oh mais c'est que
nous sommes devenue
une grande fille!

on se rappelle
madame Leveau,
l'amie de Mémé?

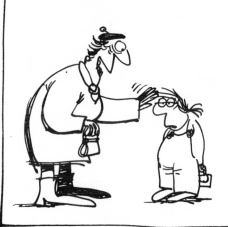

alors qu'est-ce
qu'on dit à
Madame Leveau?

voyons, mémé
t'as appris.
à dire bonjour
aux dames?

si tu dis bonjour
bien gentiment
madame Leveau
va te donner...

un sussucre
avec du bon acide
dessus...

bonjour
madame
Leveau...

c'est très très
mignon ça!

faut vraiment
être en manque!

BRETECHER

LA BOHÈME

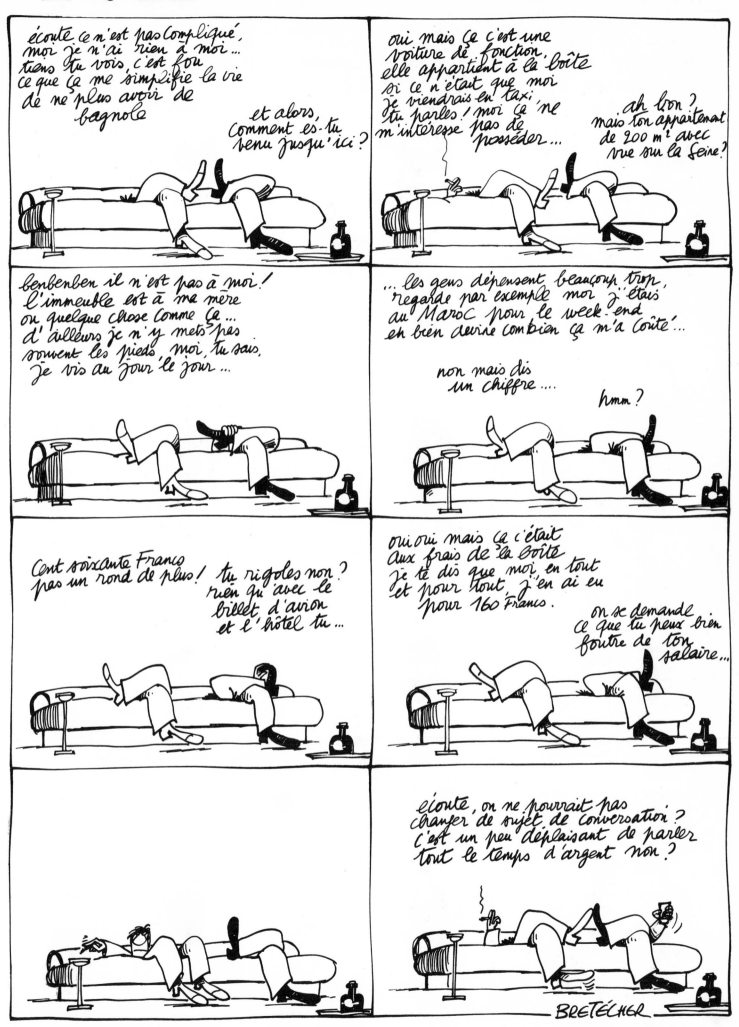

catéchisme

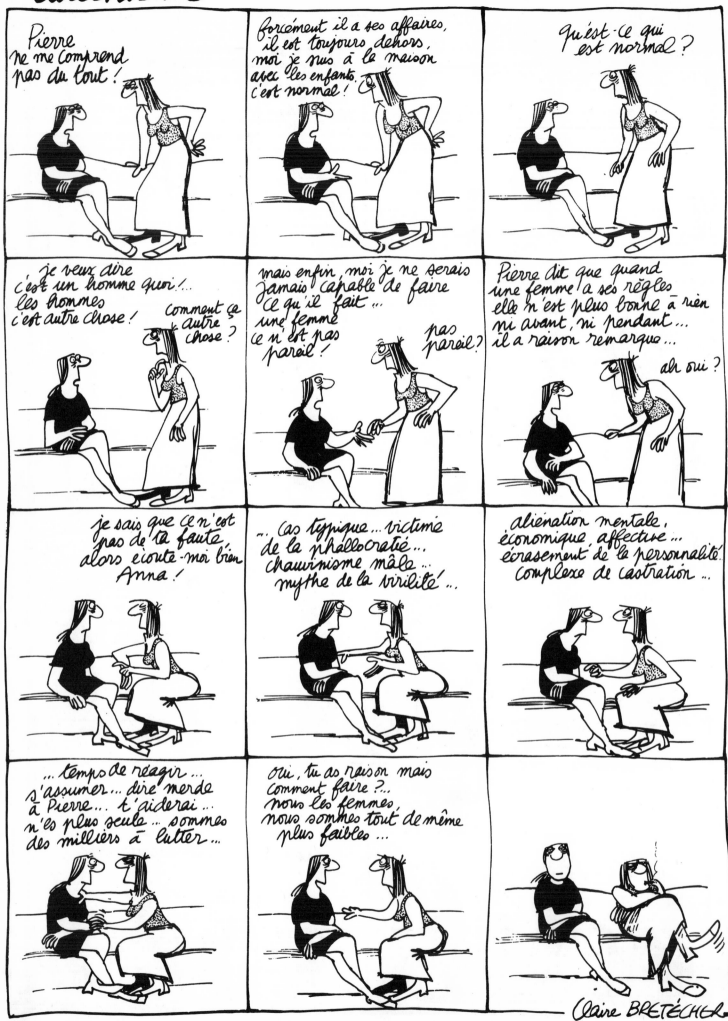

Hi-Fi

L'AMI D'ERNEST

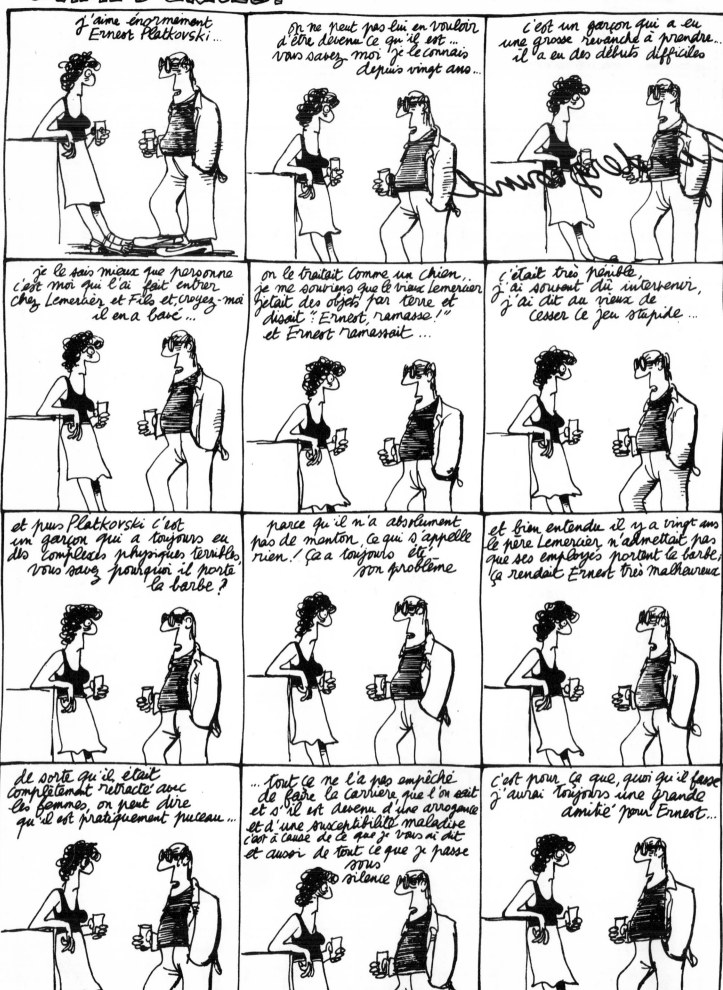

LA TÉLÉ

LES JEUNES LOUPS

BRETECHER

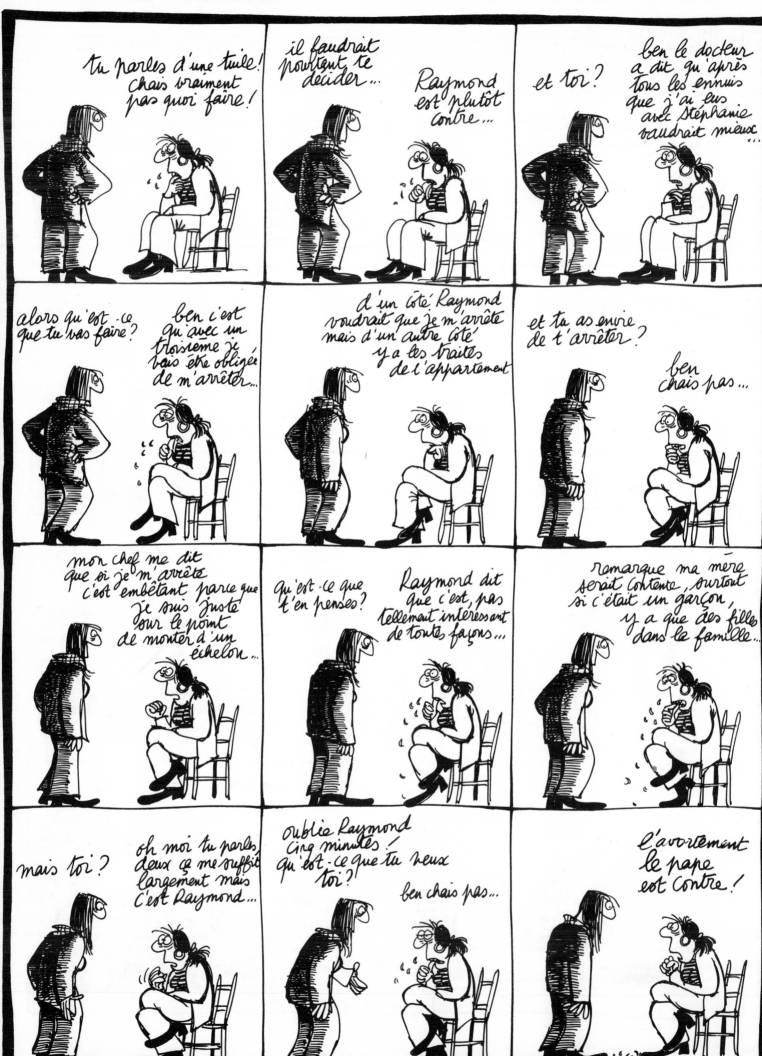

PENSÉES

BETHLÉEM 74

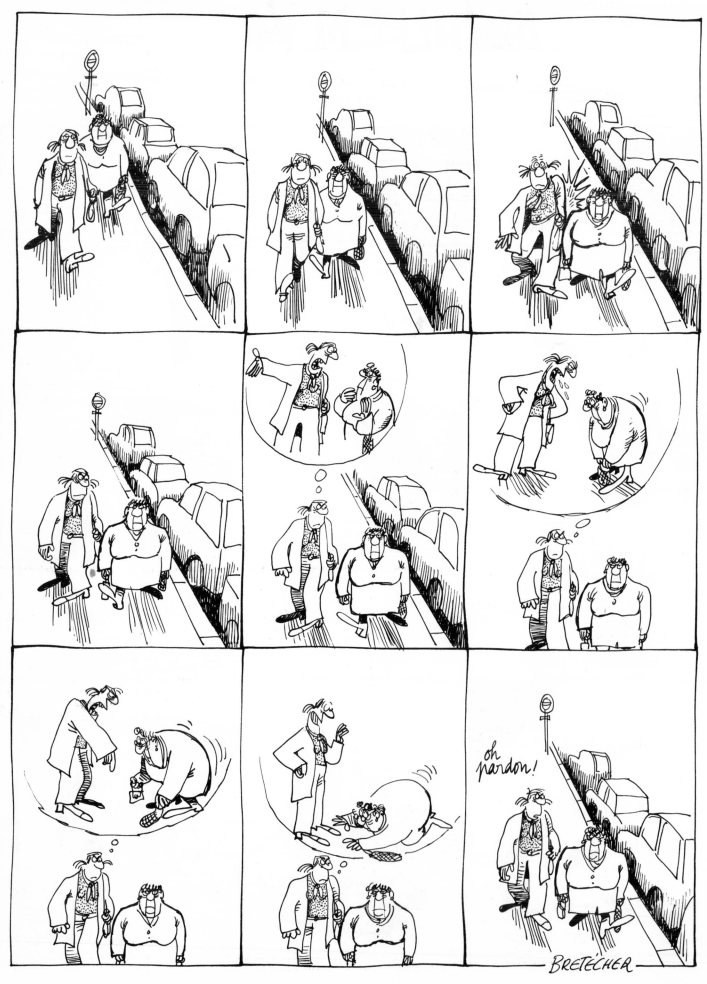

oh
pardon !

BRETÉCHER

LA TÉLÉ

BREIZ ATAO

1920 année des lumières

UN HOMME SIMPLE

Mon cahier de résolutions

JE EST UN AUTRE

moi ce qui me tue
c'est d'être coincé comme ça
dans ma peau ... je voudrais
tellement en sortir !
quelle angoisse !

exactement
comme moi

par exemple j'aimerais
savoir quel effet ça fait
d'être une femme ... tiens
je voudrais être
à ta place ...

tu te rends
pas compte !

moi je ne peux pas
me supporter ! Peux
même plus me voir
dans une glace !
j'ai envie que d'une chose
Être quelqu'un d'autre

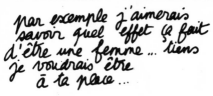

Ben oui, ce qui est affreux
c'est d'être seulement soi, quoi !
c'est tellement limité ...
tiens je voudrais être Lucien
Lemerüer lui il a une vie extra,
ou peut-être un sage hindou ...

oui, moi je voudrais être
Gisèle Halimi, je me vois
très bien en Gisèle Halimi,
ou alors fermière ...

ouais pas mal ... moi
j'aimerais être Picasso,
je remarque ce n'est plus
possible, il est mort.

et toi tu aimerais
être à la place
de qui ?

de personne ...
moi je suis bien
comme je suis

ce que je voudrais
être à ta place !

BRETECHER

27

les intellectuels

le magazine du couple

BRETECHER

29

jeux et ris

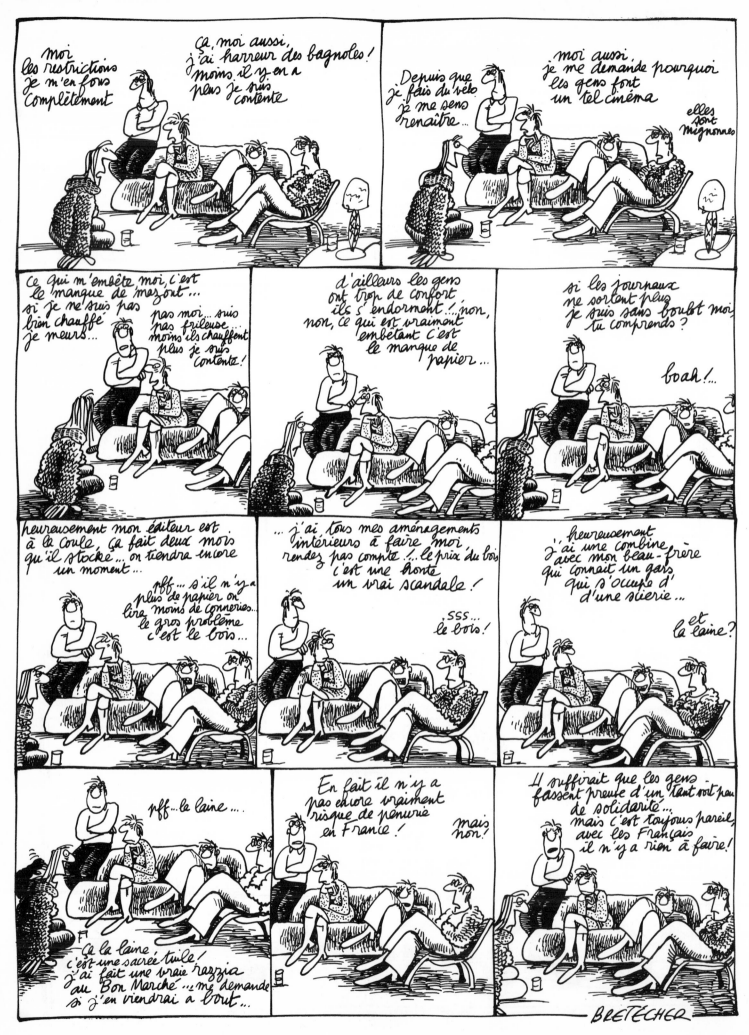

RÊVONS C'EST L'HEURE

monsieur lemercier, vous êtes patron d'une petite entreprise; pouvez-vous nous expliquer pourquoi vous avez voté Giscard?

j'ai voté Giscard parce que je suis fabricant de chaises et dans la chaise on est de droite!

La maison Lemercier a été fondée en 1885 par mon grand'père et a connu jusqu'en mai 68 un florissement sans égal...

en 68 la chaise a commencé à décliner au profit du coussin...

... car tous ces gauchistes là, tous ces prétendus intellectuels, il ne savent plus s'asseoir correctement, ils se vautrent, monsieur!... sur des divans, sur des tapis, ou même par terre!... plus aucune tenue

en 74 notre production a chu de 60% par rapport à celle de 67. Si la gauche prend le pouvoir la chaise française est foutue, monsieur!

merci monsieur lemercier... nous nous tournons maintenant vers monsieur Badebec, des entreprises Badebec et Badebec Limited et nous lui demandons: Pourquoi avez-vous voté Mitterrand?

j'ai voté Mitterrand parce que je suis fabricant de ceintures turbo-électriques à chaleur irradiante...

... en effet, plus les gens s'asseoient bas, plus ils ont de mal à se relever, plus ils attrapent des tours de reins et plus la ceinture turbo-électrique progresse!

je suis donc viscéralement de gauche, donc j'ai voté Mitterrand.

monsieur vous êtes petit petit, petit!

vous ne voyez que votre petit intérêt monsieur!

vous refusez le changement dans l'ouverture monsieur!

salaud!

fumier!

messieurs!

C'était une enquête de l'I.F.R.E.S. sur les motivations de vote des français.

CRRR   CRRR

BRETÉCHER

LES POLITISÉS

Le cancre

L'ÉGLISE DANS NOTRE TEMPS

MONSEIGNEUR MARTY, L'ÉGLISE CONNAÎT UNE PÉRIODE DIFFICILE ET VOUS AVEZ ACCEPTÉ DE RÉPONDRE AUX QUESTIONS CONCRÈTES QUE SE POSENT LES CHRÉTIENS DANS LE MONDE...

OUI !

QUELLE EST LA POSITION DE L'ÉGLISE FACE À LA CRISE DE LA FOI ?

C'EST UNE QUESTION TRÈS GRAVE... JE DIRAIS QU'IL N'Y A PAS CRISE MAIS MUTATION ET RECHERCHE D'UN DIALOGUE PLUS VRAI AVEC DIEU...

DANS UN ESPRIT PLUS ÉTROITEMENT ÉVANGÉLIQUE...

MONSEIGNEUR MARTY L'ÉGLISE DOIT-ELLE AVOIR DES OPINIONS POLITIQUES ?

C'EST UNE VASTE QUESTION... L'ÉGLISE SE DOIT DE PORTER LA PAROLE À TRAVERS LE MONDE DANS UN ESPRIT RESPONSABLE ET DE CHERCHER JÉSUS-CHRIST À TRAVERS LES ÉVÉNEMENTS DANS UN CONTEXTE PLUS FRATERNEL...

QUE PENSEZ-VOUS DE LA SPÉCULATION IMMOBILIÈRE PRATIQUÉE PAR LES GENS D'ÉGLISE ?

C'EST UN PROBLÈME DÉLICAT QUI POSE DES CAS DE CONSCIENCE DÉLICATS, L'ÉVANGILE EST DIFFICILE À RÉALISER DANS L'IMMOBILIER...

IL FAUT Y APPORTER UN EFFORT DE COMPRÉHENSION DANS UN ESPRIT ÉVANGÉLIQUE...

LE DIVORCE ?

C'EST UN PROBLÈME DOULOUREUX MAIS LA MISÉRICORDE DE DIEU EST INFINIE, TOUT DOIT ÊTRE FAIT DANS LA VOIE DE LA VÉRITÉ EN DIFFÉRENCIANT L'ESSENTIEL DU SECONDAIRE...

LE CÉLIBAT DES PRÊTRES ?

C'EST UN POINT DÉLICAT DE DISPONIBILITÉ SACRAMENTELLE ET LA LUMIÈRE DOIT ÊTRE FAITE SUR LE SENS ÉVANGÉLIQUE DE LA VOCATION DANS UN CONTEXTE DE DIALOGUE...

L'ARMEMENT NUCLÉAIRE ?

IL FAUT INSCRIRE L'ARMEMENT NUCLÉAIRE DANS UN ESPRIT DE PAIX L'ÉGLISE DOIT APPORTER L'AMOUR AUX HOMMES À TRAVERS L'ÉVANGILE...

L'AVORTEMENT ?

C'EST UN PROBLÈME DOULOUREUX... L'ÉGLISE EST TOUJOURS CONTRE DANS UN ESPRIT ÉVANGÉLIQUE...

DE TOUTES FAÇONS NOUS SOMMES EN TRAIN D'ORGANISER UN COLLOQUE SUR DIEU À L'INSTITUT CATHOLIQUE, CE QUI RÉSOUDRA TOUS LES PROBLÈMES DANS UN CONTEXTE DE RÉFLEXION.

NOUS REMERCIONS MONSEIGNEUR MARTY D'AVOIR BIEN VOULU APPORTER DES RÉPONSES PRÉCISES QUANT À LA POSITION DE L'ÉGLISE FACE AUX PROBLÈMES DU MONDE MODERNE !

BRETÉCHER

LA GUEULE

Puis-je savoir en quel honneur tu fais la gueule ?

moi je fais la gueule !... alors ça c'est assez extra !... **JE** fais la gueule !

tu n'ouvres pas la bouche, si tu n'appelles pas ça faire la gueule ...? Je n'ouvre pas la bouche figure-toi parce que toi tu fais la gueule depuis ½ heure.

je fais la gueule moi ? Depuis que je suis rentré tu ne m'as pas adressé la parole...

C'est vraiment incroyable !... tu arrives en faisant une gueule comme ça, et après il paraît que c'est moi qui fais la gueule... Écoute, tu n'as qu'à dire une bonne fois : Ce soir j'ai envie de faire la gueule, ça peut arriver à tout le monde et je saurai à quoi m'en tenir !

JE NE FAIS PAS LA GUEULE C'EST TOI QUI FAIS LA GUEULE ARRÊTE UN PEU ! Bon, si ça te fait du bien de hurler, alors hurle ! qu'est-ce que tu veux que je te dise...

voilà, voilà... typique ! toujours le même système ... semer la merde pour le plaisir ! C'est ça vas-y ! je connais ce genre de raisonnement par cœur ...

je regrette de ne pas avoir de magnétophone sous la main tiens ! **Toi**, tu regrettes de ne pas avoir de magnétophone c'est merveilleux !

de toutes façons étant donné que tu fais la gueule je n'aurais pas grand'chose à enregistrer ... **Moi** je fais la gueule ?

JE NE FAIS PAS LA GUEULE, J'ARRIVE ET ON ME FAIT UNE GUEULE DE TROIS KILOMÈTRES !

JE fais la gueule ! on croit rêver ! **Moi** je fais la gueule !...

— et ainsi de suite....

BRETÉCHER

LES CRITIQUES

C'est très mauvais !
aucune distanciation, aucun brechtisme...
il y a complètement rupture
au plan de la mise en scène
par rapport au texte...

rien n'est intériorisé...
de plus c'est politiquement
assez suspect... on verse
encore une fois dans le pire
poujadisme...
bref c'est du théâtre
à la française !

absolument.

BRETÉCHER

En ce siècle je fli-ippe
C'est la faute à Œdi-ipe
Ô gué vive la ro-ose
J'ai ma vieille névro-ose
Laissez-moi m'éclater ô gué
Je suis frustré (e)

Refrain : BEUH

C'est la faute au systè-ème
Si personne ne m'ai-aime
Ô gué vive le sequoïa
Je cours à la paranoïa
Laissez-moi délirer ô gué
Je suis frustré(e)

Au refrain –

Le sexe, le sexe, le se-exe
Le sexe m'ensorse-exe
Ô gué vive la man-angle *(1)*
Ma libido m'étran-angle
Laissez-moi sexister ô gué
Je suis frustré(e)

Au refrain –

La société m'oppri-ime
Mon prochain me dépri-ime
Ô gué vive le curcuma *(2)*
Je n'aime que le cinéma
Laissez-moi phantasmer ô gué
Je suis frustré(e)

Au refrain

Cette époque est immon-onde
Sur la terre et sur l'on-onde
Ô gué vive l'ompha-asse *(3)*
Ici-bas c'est la ta-asse
Ah que vienne le pied ô gué
Je suis frustré(e)

Au refrain

(1) Fruit du manglier

(2) Plante de l'Inde (famille des Zingibéracées)

(3) Champignon de la famille des Agaricacées

AU RISQUE DE SE PERDRE

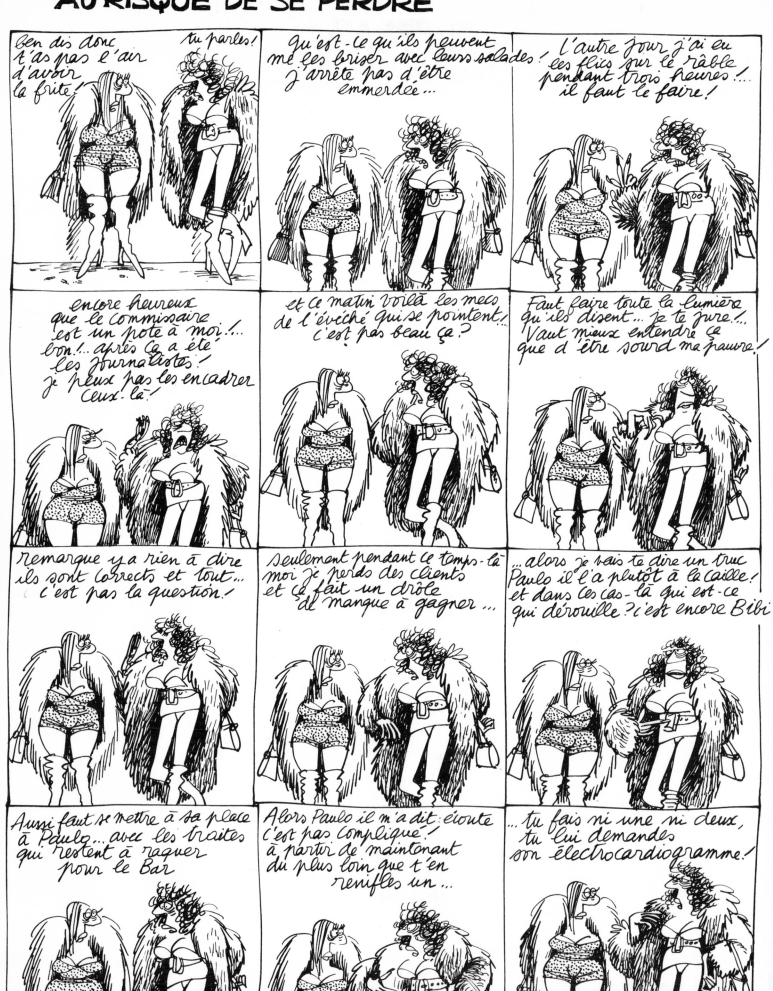

LES PONTONNIERS

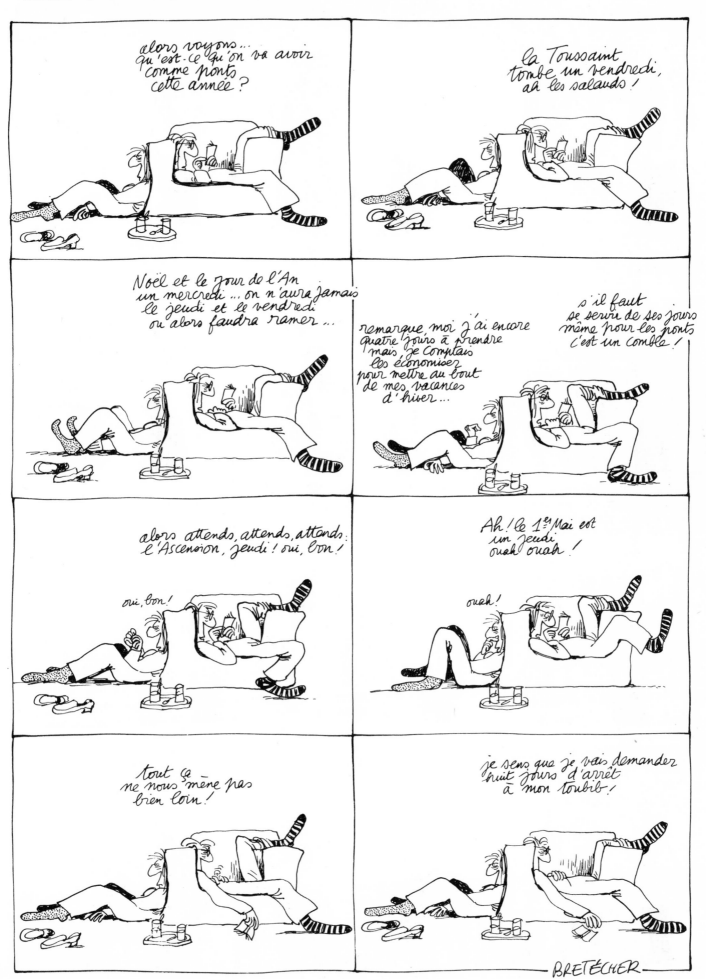

BRETÉCHER

L'Amour de l'Art

Panel 1: Victor Gaspard vous êtes un photographe de pointe ; parlez-nous de votre travail.

Panel 2: eh bien, en deux mots, mon propos est d'immortaliser l'instant dans la durée en contestant constamment mes approches dans leur structure de base, bref, en mettant le plus de signifiant possible dans le signifié.

Panel 3: à l'aide d'un appareil ? mmouiiiii... enfin ça c'est accessoire...

Panel 4: bon mais pratiquement vous faites quoi ? je fais faire 10 tirages, je les numérote, je les signe et je détruis les négatifs.

Panel 5: ensuite j'expose et je vends. cher.

Panel 6: n'est-ce pas un peu paradoxal dans la mesure où la photo est justement une technique de reproduction illimitée ? AAARRGH

Panel 7: retirez immédiatement ce mot obscène ! je disais, n'est-ce pas un peu paradoxal dans la mesure où la photo est justement un ART de reproduction ?

Panel 8: c'est ça ! alors il faudrait que mes beaux fantasmes se vendent par liasses comme si j'étais un photographe du commun !

Panel 9: je ne vois pas pourquoi n'importe quel ringard de banlieue pourrait s'offrir mes visions créatrices pour des haricots alors qu'il y a des gens qui ont du pognon à foutre dans l'art.

Panel 10: vous venez en effet d'acquérir un manoir en Dordogne et une Rolls de 1935 carossée en vélo... oui mmh... l'essentiel de ma démarche est de montrer que l'art n'est plus un art de classe mais que chaque individu peut et doit s'exprimer.

Panel 11: je ne vois pas le rapport... moi non plus mais celle-là il faut toujours le placer.

Panel 12: bon, c'est pas que je m'ennuie mais j'ai quelques négatifs à brûler d'urgence. merci Victor Gaspard.

BRETÉCHER

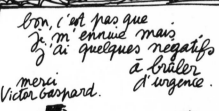

SOIR DE PARIS

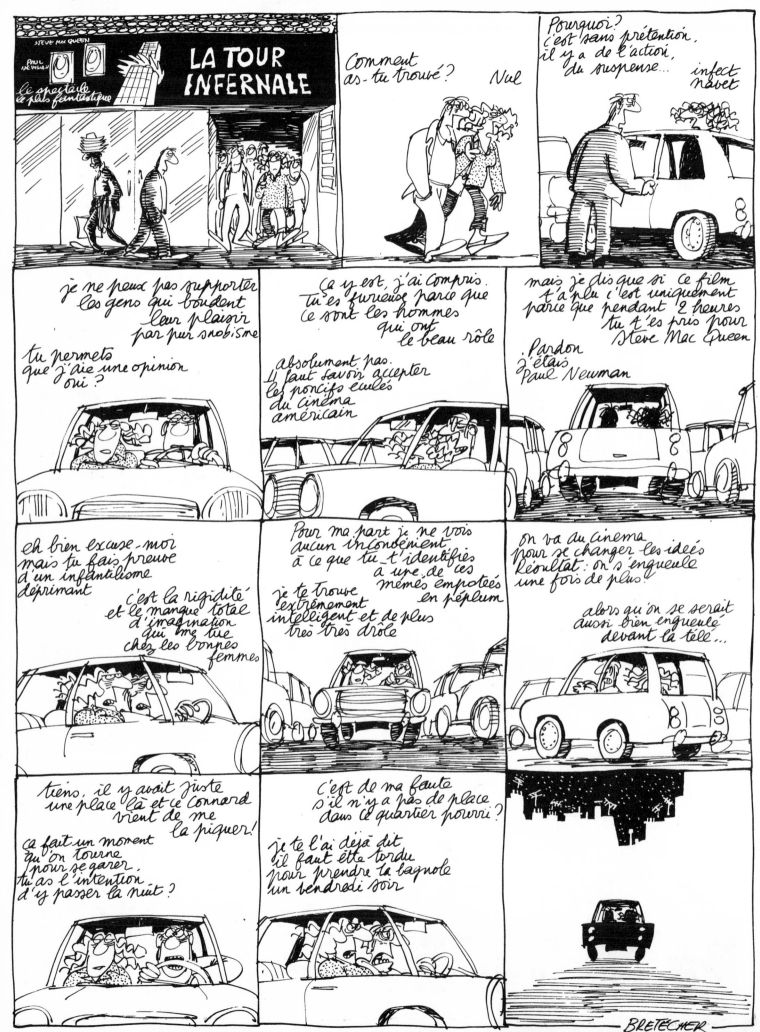

Mémé en a marre

MAMAN

A COEUR PERDU

Alors il me dit: "Si je te vois tu penses bien que ce n'est pas pour te parler de ton âme! Quand est-ce qu'on couche ensemble?"

J'étais embêtée alors je lui dis: "Ecoute je suis embêtée parce qu'en ce moment je n'ai pas le temps"...

Alors il me dit: "Bravo un argument comme ça il faut le trouver, enfin si je te vois c'est pas non plus pour ton cerveau, alors quand est-ce qu'on couche?"

Alors, je lui dis: "Ecoute ça m'embête parce qu'en ce moment, justement, je suis fidèle"...

Alors il me dit: "Ha ha, toutes pareilles les femmes libérées, vous me faites mal. tiens! Quand il s'agit de faire des discours ça va toujours!... vous êtes encore plus coincées que vos grand'mères"...

..."le Lys dans la Vallée" ça a un peu vieilli! on vous explique pas ça au M.L.F.?"

Alors moi je savais plus quoi lui dire alors je lui dis: "De toutes façons je suis frigide."

Alors il me dit: "Tiens, elles disent toutes ça en ce moment, ça doit être le système défensif dernier cri, en tous cas même si c'est vrai...

...c'est tout simplement que tu es mal baisée ma pauvre chérie! alors tu préfères rester toute ta vie dans cet état?...

Sans compter que tu ferais bien d'en profiter pendant qu'il y a encore de la demande parce que dans cinq-six ans c'est terminé pour toi!"

Tu comprends, il ne me plaît pas je ne peux pas le supporter mais ce n'est pas possible de le lui dire, ce ne serait pas gentil...

D'ailleurs il ne me croirait pas!

BRETÉCHER

47

POUR AÏCHA

Encore l'avortement ?!
Mon Dieu ! je croyais ces histoires
réglées depuis longtemps !

oui oui ! maintenant, il y a
des organismes très bien
qui s'occupent
de tout...

Justement Rosalinde,
je lis dans mon Monde
que l'un des organismes :
le M.L.A.C., a interrompu
les voyages organisés
en Hollande et en Angleterre...

Ce n'est pas trop tôt...
ce gaspillage de devises
devenait indécent

vous me faites marrer
Aymeric, par moments !...
et qu'est-ce que je vais faire
avec Aïcha, moi, maintenant ?

et bien quoi ?... vous n'avez
qu'à l'envoyer à votre clinique
habituelle Rosalinde

Trois cents tickets ?
pour une arabe ?
je ne suis pas plus raciste
que vous Aymeric
mais il y a des limites !

eh bien renvoyez-là
chez son père, je ne sais pas,
moi !

la renvoyer chez son père ?...
pour qu'il me l'égorge ?
vos bonnes idées vous pouvez
vous les accrocher
Aymeric !

une employée de maison
que j'ai mis deux ans à former !
est-ce vous qui m'en trouverez
une autre ? je vous
le demande ?

je sais bien que,
les problèmes ménagers
vous laissent
froid...

Rosalinde vous me hérissez
avec vos histoires de femelles !

Et vous, Aymeric
vous me les brisez
avec votre égoïsme
masculin !

Croyez-moi j'ai des
préoccupations autrement
importantes ces jours-ci...
nous avons de graves
décisions à prendre
au Palais-Bourbon !

Foutez-moi le camp
espèce d'abruti
sinon ça va chier !

SLAM

on peut dire que vous avez
bien choisi votre moment
ma pauvre Aïcha !

surtout qu'avec la grève des Postes
on ne peut même pas
commander une pompe à vélo
à Manufrance !

BRETÊCHER

L'OEIL DE MAURICE

DIVORCE

LES RESCAPÉES

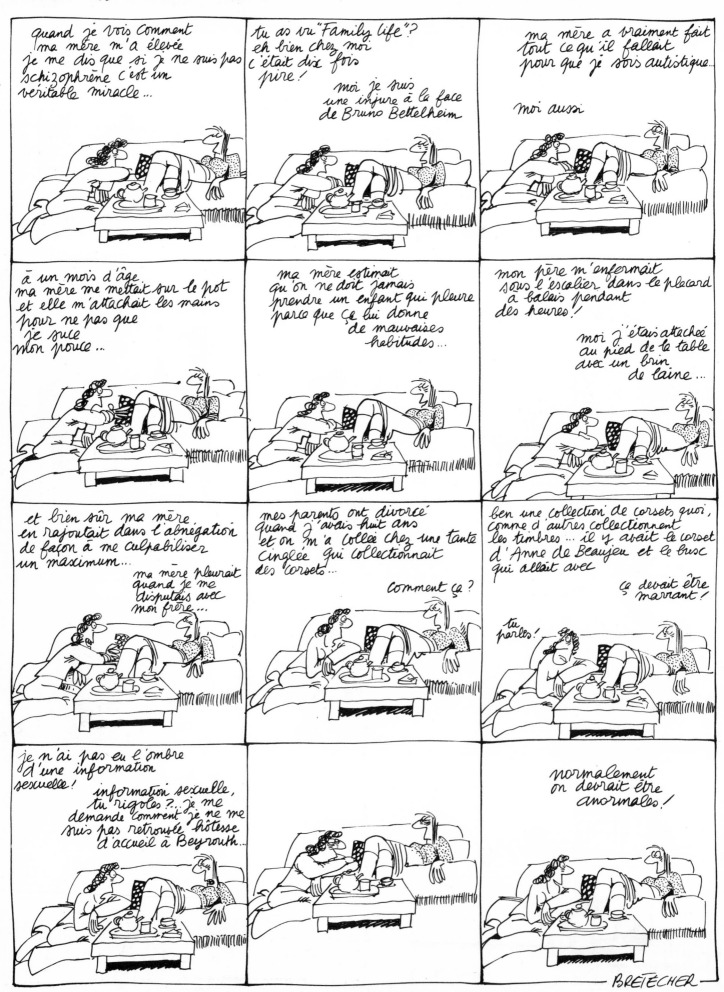

CLAIR FOYER

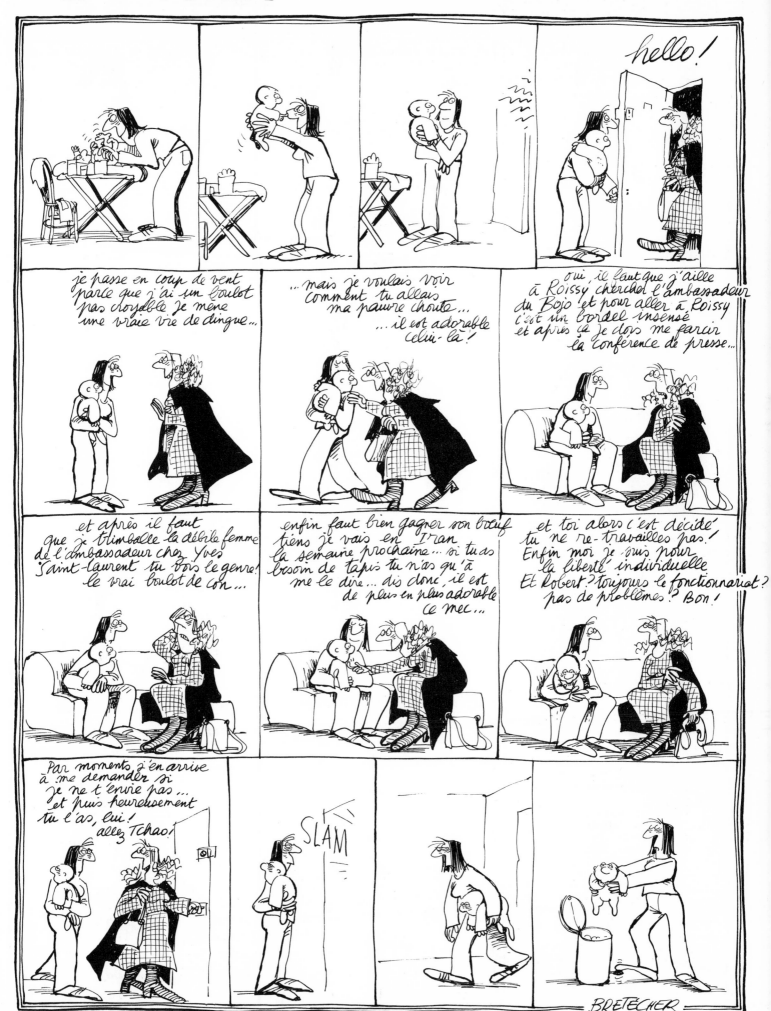

LES FOURMIS

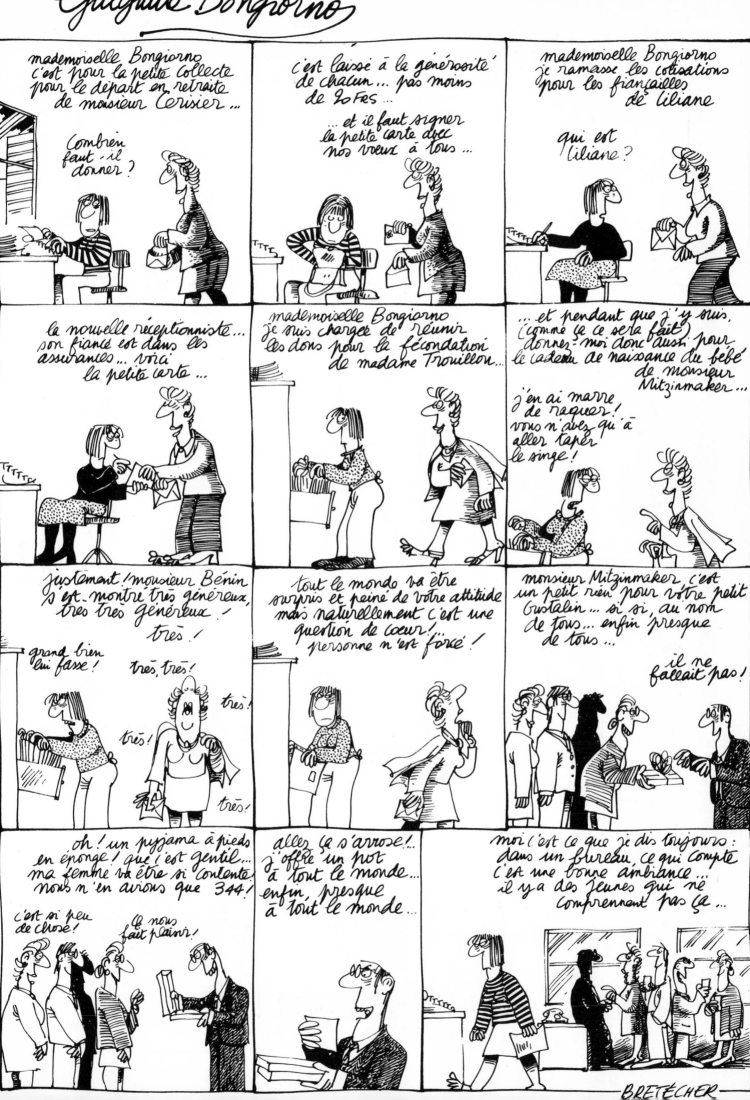

PEAU D'ORANGE

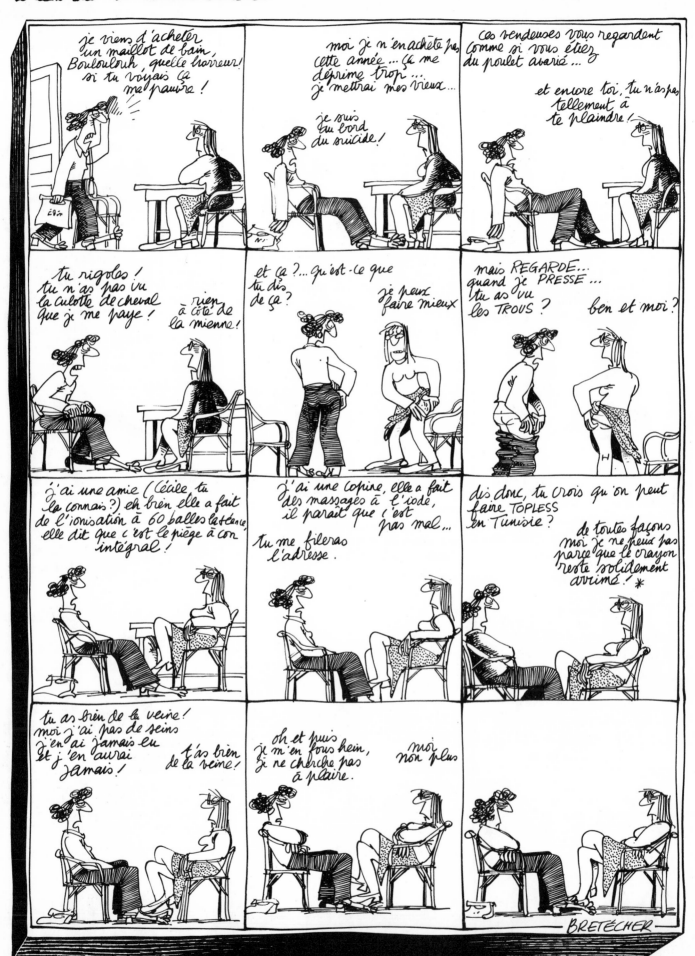

* TEST DU CRAYON : PLACER UN CRAYON HORIZONTALEMENT SOUS LE SEIN, S'IL RESTE COINCÉ C'EST MAUVAIS (NOTE À L'USAGE DES ATTARDÉES)

L'HOMME À PRINCIPES

LE PETIT CHAT EST MORT

LES PURS

Corinne

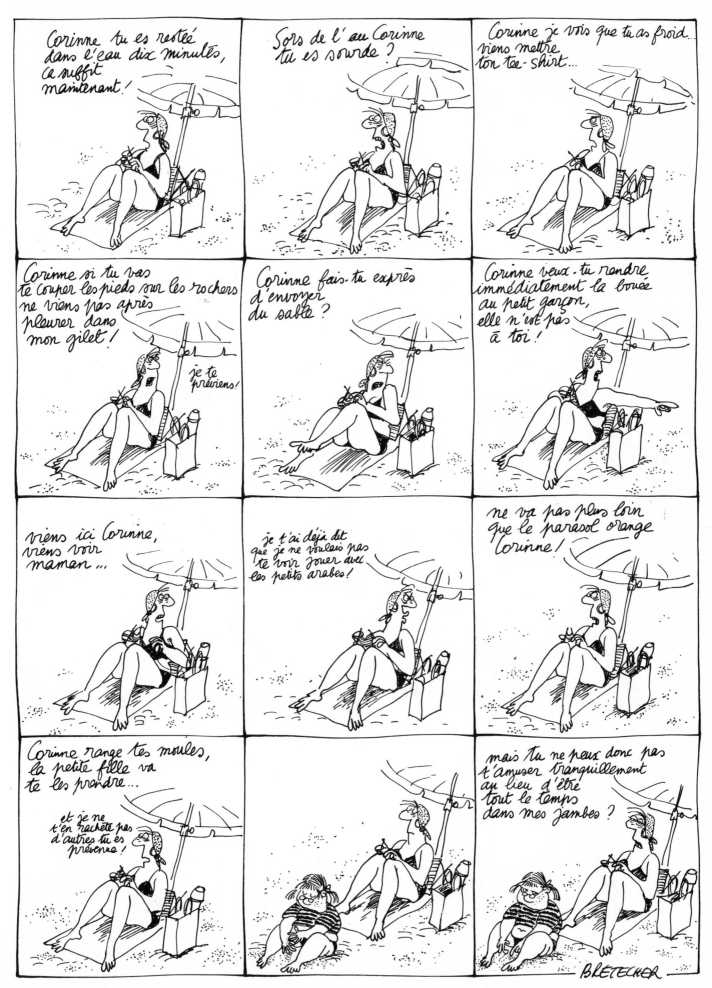

À LA MENTHE

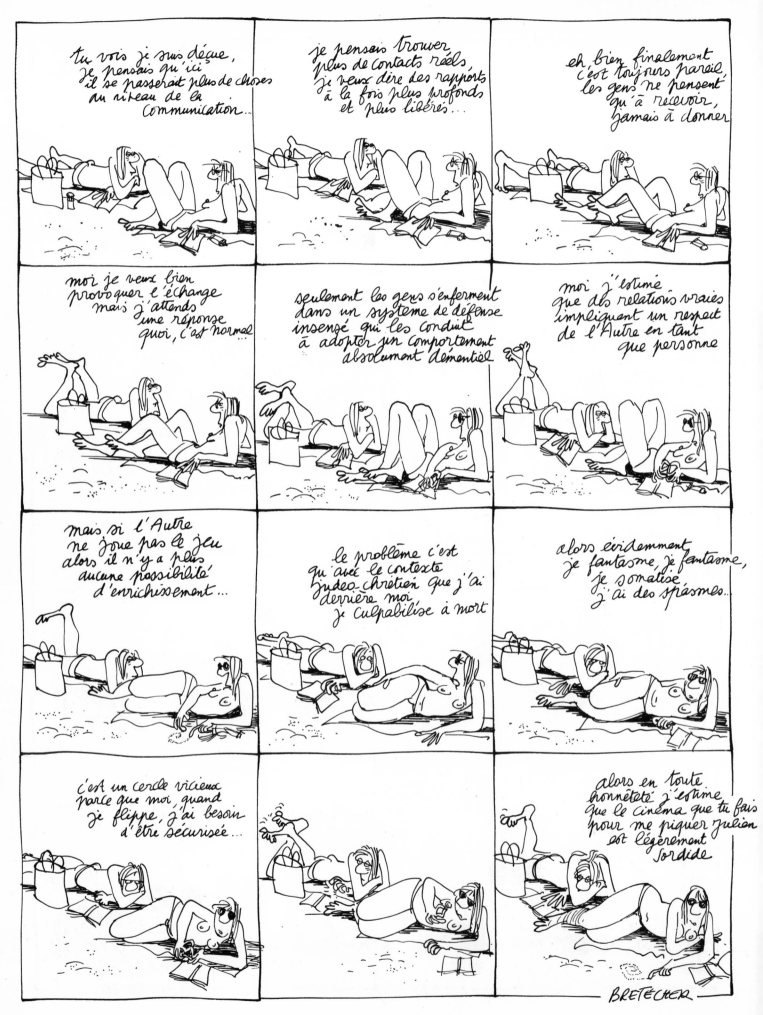

DÉFICIT

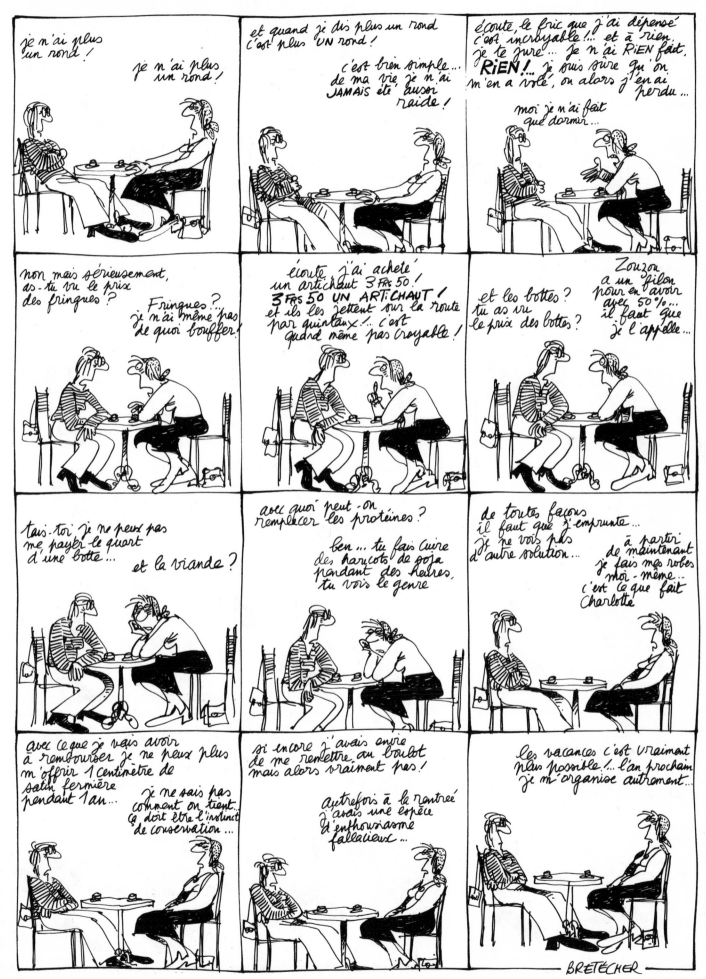

LES PIONNIERS

Au Nouvel Observateur nous avons mené des combats très durs...

nous nous sommes battus contre la spéculation immobilière et la concussion à l'intérieur de l'U.D.R.

nous avons violemment attaqué le sionisme...

nous avons lutté pour Mitterrand et défendu le programme commun et l'union de la gauche...

nous avons toujours combattu le poujadisme culturel et l'abrutisation des travailleurs par les media...

nous avons ouvert le feu contre la loi de 1920 et ses conséquences...

nous nous battons contre le système médical capitaliste et les laboratoires...

alors, que nous méritions des critiques de détail, je veux bien, mais personne ne peut nous taxer de manque d'agressivité !

Renaud mon poussin va jouer plus loin sinon je vais me fâcher.

BRETÉCHER

le contestataire

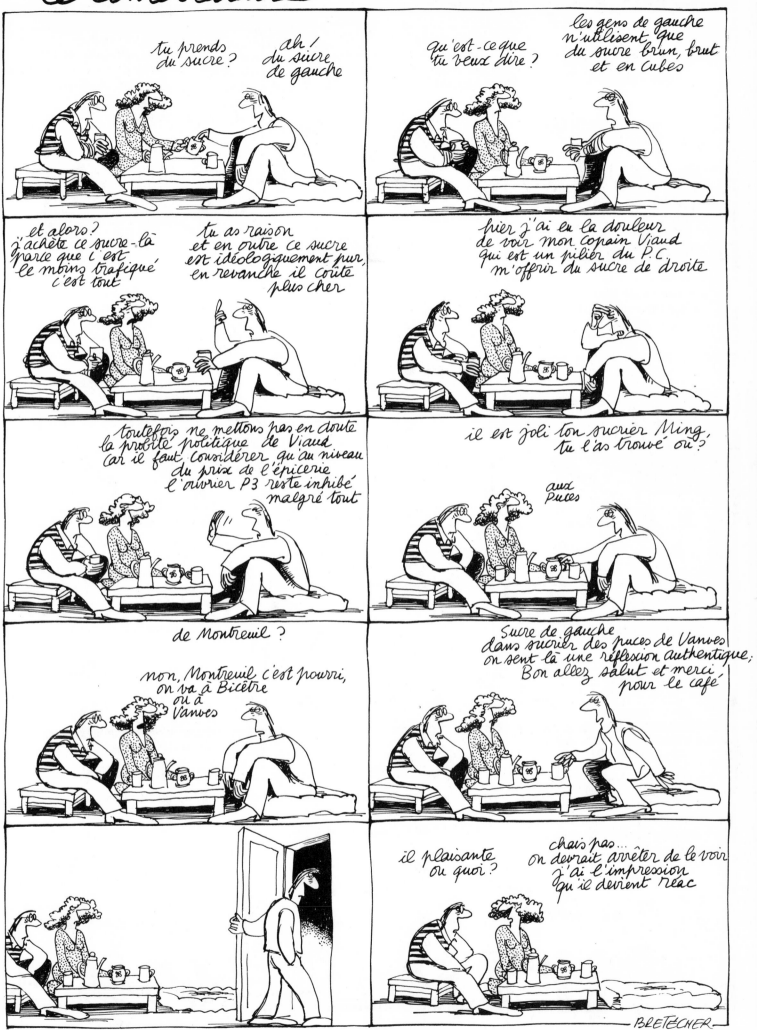

l'underground

i me font marrer
je te jure!

j'étais emballeur à la Samar
quand j'ai connu Chris...
i me disait que j'me faisais
exploiter, c'était brai
note bien...

c'était au moment
où il s'occupait de cette série
de films underground en superuit
sur la grève autodéterminée
de l'usine de boutons
de saint-julien de Concelles...

on a bossé huit mois,
moi je portais le matériel...
et puis ça a foiré...
après y'a eu les montages
audio-biouels underground
sur le Chili...

Chris et les autres.
quand i s'agit de jacter
li sont un peu là, mais pour
en foutre une rame
c'est une autre paire de manches
en fin de compte
tout a foiré'...

Après ça Chris a connu Kurt
et on s'est mis à faire
ce canard de bandes dessinées
underground vachement marginal
avec un circuit de distribution
parallèle...

moi je faisais les paquets
les livraisons le démarchage
et le mérage... eux i z'étaient
occupés à créér...

ça a foiré

c'est l'époque
où Simone s'est barrée...
elle en avait sa claque
que j'aie jamais un rond
...

jamais le rond
jamais de piaule
on passait la nuit à droite à gauche
chez des militants à fumer des joints...
quand les autres se tiraient
en vacances, c'est moi
qui faisais la permanence...

j'me rends compte
que ça va faire deux ans
que je m'défonce pour
des clopinettes et en plus
on me prend pour un con!

alors je vais te dire un truc:
l'underground: terminé!
marre! veux plus le savoir!

chais pas encore
egzactement ce que
je vais faire...

j'ai un pote
qui bosse au métro
i me dit que c'est peinard...

BRETÉCHER

68

L'ANNÉE DE LA FEMME

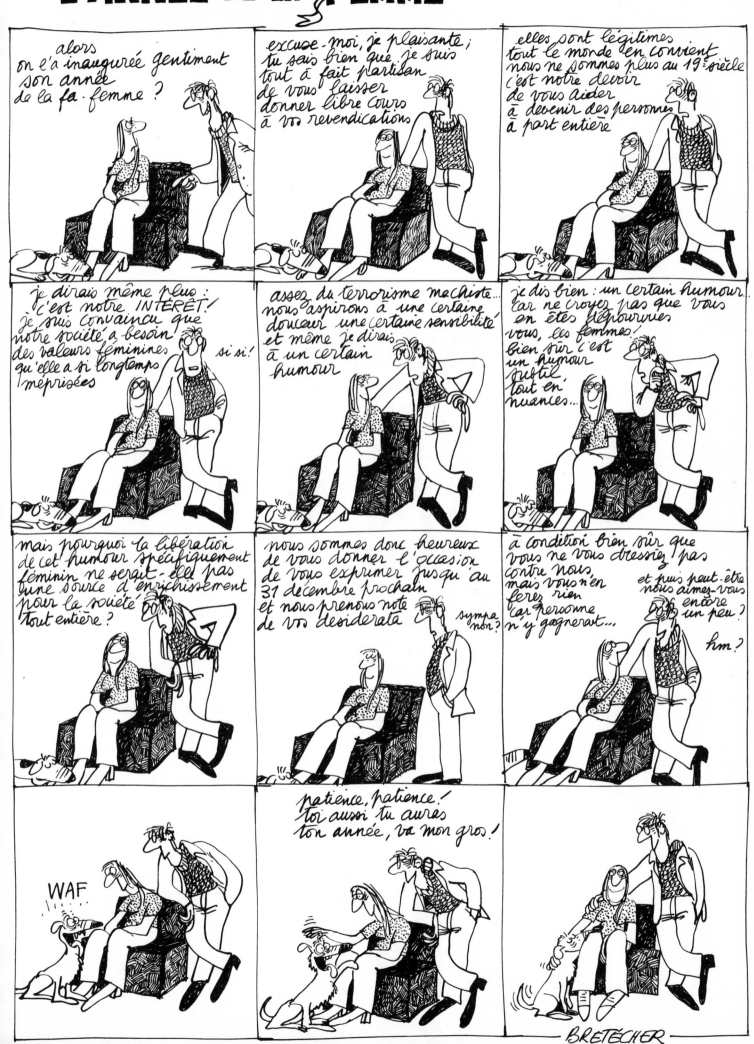

LES FRUSTRÉS SONT PUBLIÉS EN AVANT-PREMIÈRE DANS LE NOUVEL OBSERVATEUR

AFIN QUE NUL N'EN IGNORE

DÉJA PARUS :

LES ÉTATS D'ÂME DE CELLULITE — éditions Dargaud
LES ANGOISSES DE CELLULITE — éditions Dargaud
SALADES DE SAISON — éditions Dargaud
LES GNANGNANS — éditions Jacques Glénat